AF178957

There is no way to happiness. Happiness is the way.
(Buddha)

Diana Eschenburg

Uns darf es ja gar nicht gut gehen, oder?

11 Babysteps für unzufriedene Lehrerinnen

© 2016 Diana Eschenburg
Umschlaggestaltung: Kathrin Steigerwald
Lektorat, Korrektorat: Karin C. Melde
Verlag: tredition GmbH, Hamburg
ISBN: 978-3-7345-1766-2 (Paperback)
978-3-7345-1767-9 (Hardcover)
978-3-7345-1768-6 (e-Book)
Printed in Germany

Inhaltsverzeichnis

Vorwort

Als ich anfing, dieses Buch zu schreiben, war ich ziemlich verzweifelt. Was hatte ich nicht schon alles ausprobiert! Ich hatte mich – zeitweise monatlich – in Unkosten und Seminare gestürzt, um Neues zu lernen. Immer in der Hoffnung, mir damit meinen Arbeitsalltag zu erleichtern. Zugegeben, jede Methode brachte mir etwas. Wenigstens den Abstand, den ich im Moment brauchte. Sehr häufig tauchte ich ab in andere Denkweisen und es öffneten sich neue Welten für mich. Doch obwohl ich so viele anregende Methoden kennen gelernt hatte, war ich wieder in ein depressives Loch gefallen. Alles schien schwarzgrau.

Zunächst also schrieb ich mir den Frust von der Seele. Alles, worüber ich mich jemals ärgerte, stopfte ich dazu. Während des Schreibprozesses jedoch merkte ich, in welcher Form mir jede dazugewonnene Technik in einer bestimmten Schulsituation geholfen hatte. Nach und nach bildete sich immer klarer aus dem hastig Zusammengeschriebenen eine Struktur heraus, so dass ich die wichtigsten Stationen im Schulalltag zusammentrug. Je länger ich daran arbeitete, desto ruhiger wurde ich innerlich. Jedes Mal, wenn ich wieder ein Kapitel durchlas, nahm ich wahr, was ich mir schon alles an außerschulischem Wissen angeeignet hatte. Ich begann mich zu fragen, ob das, was ich gelernt hatte, nicht auch für andere von Nutzen sei. Letztendlich regten uns im Kollegium immer wieder dieselben Sachverhalte auf. Daher überlegte ich, wie ich meinen Erfahrungsschatz zum Thema anbringen konnte. Es entstanden Tipps, Aktionsschritte, bisweilen auch Meditationen und Reflexionen am Ende jedes Kapitels.

Da das Lachen meiner Meinung nach unbedingt dazugehört, vor allem auch über sich selbst, habe ich die ursprüngliche Struktur des Buches beibehalten. Allerdings überarbeitete ich jedes Kapitel, so dass von der ursprünglichen Verzweiflung kaum mehr etwas übrig blieb. Stattdessen ist daraus ein humorvolles, manchmal satirisches Buch zum Selbstcoaching entstanden. Die an den Anfang gesetzten Anekdoten sollen zum Nachdenken und Vergleichen mit der eigenen Situation anregen. Oft entfalten sich daraus wertvolle Impulse wie kleine Samenkörner, die zunächst unbemerkt zur rechten Zeit weiterwachsen können. Das bunte Potpourri der Tipps und Aktionen ist einfach und unkompliziert. Sie brauchen für diese auch nicht viel Zeit oder materiellen Aufwand. Aber unterschätzen Sie sie nicht, denn sie sind das komprimierte Produkt umfassender Techniken. Gerade die simplen Dinge bringen Ihnen oft mehr als hochkomplexe Anweisungen, die im Alltag schwer realisierbar sind. Denn Zeit für uns selbst haben wir erst wieder in den nächsten Ferien, nicht wahr?

Übertreiben Sie es bitte auch nicht, wenn Sie anfangen, damit zu arbeiten. Wollten Sie Ihre gesamten Einstellungen und Gefühle innerhalb einer Stunde hinterfragen und verändern, würden Sie Ihre Seele und Ihren Körper schlichtweg überfordern. Gehen Sie langsam vor und genießen Sie den Weg. Ich wünsche Ihnen beim Lesen und Ausprobieren der Tipps viel Vergnügen und gutes Gelingen! In diesem Buch verwende ich das kollegiale Du. Solltest du dich nicht davon angesprochen fühlen, lies ein anderes.

1. Einleitung – ein Zustand

Ich wusste nicht mehr weiter. Schlicht und ergreifend. Nachdem ich nun Routine hatte, lief es immer gleich ab. Die ersten zwei Schulwochen hast du gute Laune, in der dritten schwindet das Lächeln aus deinem Gesicht, ab der vierten kneifst du Arsch und Lippen zusammen und gibst schmallippige Kommentare, die eigentlich Anweisungen sein sollten. Du ächzt und jammerst durch die fünfte, kriechst durch die sechste Woche und brüllst – sofern du noch Kraft dazu hast – durch die Wochen sieben bis neun. Wenn du Glück hast, sind schon nach der sechsten Woche Ferien. Wenn nicht, darfst du auch schon vorher brüllen. Oder krank werden.

So oder ähnlich verliefen meine Schulwochen zwischen den Ferien. In der Regel schickte ich bei Krankmeldung minuziöse Vertretungspläne per E-Mail an das Sekretariat, das es an die Kolleginnen zur Vertretung weiterleitete. Ob diese genau das taten, was ich mit meiner Klasse sonst auch immer machte – 8 Uhr 45 Klogang und Pferdchenlauf in der Aula, das wusste ich nicht so genau. Ohne Vertretungsplan fällst du in Ungnade bei der Direktorin, da sie deine Beurteilung schreibt, also lässt du es lieber bleiben. Mit Fieber, Durchfall oder Grippe diesen Vertretungsplan zu tippen, ist ein wenig schwierig, aber pünktlich sollte es schon sein. Sonst läuft die Maschinerie am nächsten Morgen nicht an und es herrscht noch mehr hektischer Stress als üblich.

In der Regel sind ein paar Tage zu Hause das Auffangen der unruhigen Klasse in den Tagen danach allemal wert. Dann geht es wieder eine Weile. Was aber, wenn es immer weniger geht? Wenn dich Rückenschmerzen überfallen, so dass du dich um 11 Uhr spätestens schon hinter dein Pult setzen musst, um den Tag zu überstehen? Um diese Uhrzeit hast du gerade mal drei Stunden unterrichtet. Bis halb vier sind es noch viele Stunden, die du im wahrsten Sinn des Wortes durchstehen musst. Was, wenn es in deinen Ohren pfeift oder du nicht mehr weißt, wann du zuletzt eine Nacht durchgeschlafen hast? Deine Ärztin sagt jedes Mal, wenn sie dich krankschreibt: „Sie müssen sich mal überlegen, was Sie in Ihrem Leben ändern wollen." Wie ändert man sein Leben, wenn man keine Ahnung hat, in welche Richtung es gehen soll?

Liebe Kolleginnen und Kollegen, wenn Ihr hier einen großartigen Rat von mir erwartet, der eurer Leben komplett verändert, kann ich euch nicht groß weiterhelfen. Ich weiß nur, was ich als Erstes getan habe: Ich bin meinem Herzen gefolgt und tat, was mir vor gefühlten 100 Jahren wahnsinnig Spaß gemacht hat. Nämlich etwas Musikalisches. Das hatte wenig mit meinem Beruf zu tun. Aber ich blühte auf und war glücklich. Der Zufall wollte es, dass ich die Musik auch den Kindern nahebringen konnte. Meine Kolleginnen teilten meine Begeisterung leider nicht, also blühte ich weiter im Verborgenen.

Irgendwann kam die nächste Ausbildung. Viele Seminare später war ich innerlich reifer geworden. Und weiterhin ratlos, was meinen Beruf anging. Es dauerte noch ein weiteres Jahr, viele schlaflose Nächte, unsägliches Ohrenpfeifen und rabenschwarze Verzweiflungsstunden, bis ich den Mut fasste, tatsächlich etwas zu ändern. Qualifizierungen hatte ich nun genug, ich holte mir einen Gewerbeschein und gönnte mir mehrere Sitzungen lang die Hilfe eines Coaches. Ich ignorierte meine Familie mit ihren guten Ratschlägen: „In diesen unsicheren Zeiten..." Dann folgte alles Weitere.

Aktionen für heute oder später

Reflexion

Wie geht es dir heute, hier und jetzt, mit deiner beruflichen Situation? Vermutlich ist die gute alte Disziplin Bestandteil deines Denkens und Lebens, die dich durch den Alltag trägt. Die Frage ist nur, welchen Anteil sie im Moment hat. Stützt sie dich wie ein guter Freund? Hält sie dich zusammen, so dass sie dir eine Hilfe im täglichen Einerlei geworden ist? Oder hat sie sich bereits unbemerkt in ein Korsett verwandelt? In etwas, das zwickt und zwackt und man nicht so recht weiß, woran es liegt? Man steht eben auf in der Früh, ächzt und stöhnt schon in Gedanken an das Gebäude, in dem sich der Arbeitsplatz befindet.

Reflexion für Fortgeschrittene

Stelle dir vor, es ist Ferienzeit. Du hast schon eine Woche frei, deine Augenringe sind vom vielen Schlafen verschwunden, deine Stirnfalten geglättet. Mach dieselbe Reflexion noch einmal. Kannst du nun einen Unterschied feststellen, wenn du die Betrachtungen ausgeruht während der Freizeit durchführst?

Tipp

Auch wenn es in diesem Zusammenhang manchen Leserinnen seltsam vorkommen mag, gibt es eine Möglichkeit, dem Tag etwas von seiner Schwere zu nehmen. Ich spreche von der Tätigkeit des Segnens. Ursprünglich lernte ich sie während meiner Kindheit in christlichen Zusammenhängen kennen. Später, als ich mich mit östlichen Kulturkreisen beschäftigte, fand ich sie sowohl im Buddhismus, als auch bei meinem ersten indischen Meditations- und Yogalehrer. Er segnete jede Yogapraktizierende, indem er seine Hand auf unsere Köpfe legte und unverständliche Gebete murmelte. Eine Geste, die mich sehr anrührte. Solche Bräuche in unseren Kulturkreis unbedacht zu übernehmen, ist weder möglich noch üblich. Was ich jedoch in Abwandlung dessen ausprobiert habe, ist, den Tag in der Früh in Gedanken zu segnen. Oder zum Beispiel jeden Menschen, der mir am Tag zufällig oder terminlich über den Weg läuft. Je öfter ich das getan habe, umso einfacher wurde es.

Meditation

Atme ein. Atme aus. Beobachte die Pause, die zwischen dem Einatmen und dem Ausatmen entsteht. Lass den nächsten Einatem von alleine kommen, ohne etwas zu forcieren. Wiederhole diesen Zyklus noch mindestens viermal. Nimm die Gedanken an, die dir in diesem Moment durch den Kopf schweben und erlaube dir, dass sie davonschweben, wie eine Wolke am Himmel.

2. Der Anfang ist immer leicht

Ich war 24, frisch geschieden und hatte zwei kleine Kinder. Nachdem mein geschiedener Mann untergetaucht war, um keinen Unterhalt zahlen zu müssen, war ich auf Sozialhilfe angewiesen. So hatte ich mir mein Leben definitiv nicht vorgestellt! Deshalb überlegte ich, welcher Beruf sinnvoll wäre. Eine berufliche Ausbildung kam, so gern ich sie gemacht hätte, wegen der Arbeitszeiten nicht infrage. Also blieb nur ein möglichst kurzes Studium mit anschließendem sicheren Arbeitsplatz, familienfreundlichen Arbeitszeiten und der Möglichkeit, in den Ferien wegen der Kinder zu Hause zu bleiben, am besten noch mit verringerter Stundenzahl.

Sehr gerne hätte ich Innenarchitektur studiert, was aber – da der Studienort etwa 200 km entfernt lag – nicht möglich war. Oder Grafikdesign – das verwarf ich wieder, wegen der vielen Bildschirmarbeit, der großen Konkurrenz und der Unvereinbarkeit der Arbeitszeiten mit den Kindern. Was also tun?

Ein Freund riet mir zum Lehramtsstudium. Er selbst war von Mathe/ Physik auf Lehramt umgestiegen und damit rundum glücklich. Ich dachte nach. Wäre das etwas für mich? Lehrerin zu werden, hatte ich nie ernsthaft in Betracht gezogen. Ich wandte mich an das BAföG-Amt. „Ja, Sie haben doch schon ein Studium begonnen und abgebrochen", hörte ich dort. „Wenn Sie es fortführen, könnten wir Sie weiter fördern." Auf die Frage, was ich mit einem abgeschlossenen geisteswissenschaftlichen Studium denn beruflich anfangen solle, wich man aus. So waren eben die Regeln der Förderung. Also zog ich mich zurück zu meiner Anfangsüberlegung. Lehramt studieren, hieße, nebenher jobben zu gehen und beiläufig Kinder großzuziehen. Damals reichte ein Durchschnitt bis 3,0 um in den Staatsdienst übernommen zu werden. Ja, dachte ich, das schaffe ich sogar mit meinen etwas ungünstigen Voraussetzungen.

Da es in meiner Stadt eine Zulassungsbeschränkung auf das Studienfach Lehramt gab, konnte ich mich nicht ohne weiteres einschreiben. Denn die gewünschte Durchschnittsnote von 1 Komma noch was im Abitur hatte ich nicht. Auch konnte ich nicht in einer anderen Stadt studieren, da meine Mutter, auf die ich als Tagesmutter angewiesen war, in meiner Stadt lebte. So ein Pech aber auch, dass meine Lebensgestaltung nicht die gängige war. Die Uni bot noch die Chance, auf den Studienplatz zu warten und pro Semester die Durchschnittsnote anzuheben - nur für die Uni, natürlich nicht auf dem Abi-Zeugnis. Nach einigen Wartesemestern würde dann die eigene Note zu den Voraussetzungen passen und der Einschreibung stünde nichts mehr im Weg. Das ging auch nicht, denn ich hatte den in Bayern üblichen Unterhaltsvorschuss, kurz UVG, beantragt, der längstens sechs Jahre bewilligt wurde. Diesen bekamen unterhaltsberechtigte Frauen für ihre Kinder, wenn der geschiedene Ehemann zahlungsunwillig oder -unfähig war. Die Höhe betrug damals etwa 230 DM pro Kind, das waren 7 DM mehr als Sozialhilfe. Drei Jahre lief der UVG schon. Mir wären nur mehr drei Jahre Zeit zum Studieren geblieben, in denen der Lebensunterhalt der Familie gesichert gewesen wäre. Nach der Wartezeit auf eine bessere Note hätte ich also keine finanzielle Grundlage mehr gehabt. Kurz: Studieren unmöglich. Ich war sehr niedergeschlagen und wusste nicht mehr weiter.

Als ich von den Härtefällen hörte, schöpfte ich neue Hoffnung und stellte einen Antrag bei der Uni. Wie gewünscht, kopierte ich dafür alles in zweifacher Ausfertigung: Scheidungsurteil, Geburtsurkunden der Kinder, Sozialhilfebescheid, UVG, Wohngeldbescheid, Mietvertrag, eine Bestätigung von Mama, dass sie als Tagesmutter bei mir arbeiten würde, sowie eine ausführliche Begründung, warum ich ein Härtefall sei. Das war unglaublich viel Papier, etwa einen Zentimeter hoch. Die Frau bei der Annahmestelle der Uni lachte mich jedoch aus: „Hahaha, was wollen Sie denn mit so viel Papier? Hier glaubt doch **jeder** ein Härtefall zu sein! Was denken **Sie** denn?" Sie war drauf und dran, mir das Ganze wieder in die Hand zu drücken. Gott sei Dank wurde ich ziemlich sauer. Ich fragte sie, ob sie denn auch die Anträge bearbeiten würde. Sie verneinte. „Gut", meinte ich, „dann leiten Sie es bitte weiter. Derjenige, der es bearbeitet, wird entscheiden, ob ich ein Härtefall bin oder nicht", und stiefelte aus dem ungemütlichen Raum hinaus.

Nach dieser Aktion sank mein Mut beträchtlich und ich rechnete mir keine sonderlich großen Chancen aus. Immerhin hatte ich es versucht, so sagte ich mir. Die Monate verstrichen – nichts geschah. Bis eines Tages ein Brief ins Haus flatterte, der einen maschinengeschriebenen Text enthielt. Lapidar, bürokratisch, ohne Unterschrift gültig. „Hiermit erhalten Sie Ihren gewünschten Studienplatz. Bitte kommen Sie am … zur Einschreibung und bringen folgende Unterlagen mit."

Ja, jaaa, JAAAAAAAAAAAAAAAAAAAAAAAAAAAAAA! Ich küsste den Brief und hielt ihn an mein Herz. Immer und immer wieder las ich ihn, bis ich es endlich glauben konnte. *„Hiermit erhalten Sie den gewünschten Studienplatz."*

14

JAAA!!! Es war, als ob Weihnachten und Ostern zusammenfielen. Nach kurzer, demoralisierender Ehe, Scheidung, schmachvollem Gang zum Sozialamt, und endlosen Zukunftssorgen war es genau das, was ich nun gebraucht hatte. Studieren! Endlich!

Ich überhörte alle gut gemeinten Unkenrufe in meiner Umgebung. „Oh mein Gott!" sagte Mama und meinte damit WiewillstdudennDASmachen? – „Wie wollen Sie DAS denn SCHAFFEN?", fragte mein Chef, Student und kaum älter als ich. „Das wird aber VIEL Arbeit werden", stellte der wohlmeinendste Ratgeber fest. EGAL! Ich war so glücklich wie schon lange nicht mehr. Wochenlang strahlte ich mit der Sonne um die Wette. Obwohl ich längst überflüssige Unterlagen aussortiert habe, dieses Papier habe ich behalten. Es ist inzwischen ziemlich vergilbt. Doch ich hüte es wie einen kostbaren Diamanten.

Aktionen für heute oder später

Reflexion

Lange habe ich überlegt, ob ich dieses Kapitel meines Lebens noch einmal aufrollen soll. Jeder Mensch hat harte Phasen im Leben, bei denen er sich hinterher fragt, wie er das geschafft hat. Trotz aller ungewöhnlichen Umstände und Zweifel mir nahe stehender Menschen, habe ich den ersten Schritt gemacht und bin dann stückweise vorwärts gegangen. Es hat geklappt, weil ich unbeirrt meiner inneren Stimme gefolgt bin. Oft machen wir jedoch diesen ersten Schritt nicht und begrenzen uns selbst. Hernach wundern wir uns, warum wir traurig, unglücklich oder einfach nur festgefahren sind im Leben.

Aktion

Nimm dir ein paar Minuten Zeit, ehe du diese Übung machst. Sorge dafür, dass du währenddessen nicht gestört wirst. Hole dir ein Blatt Papier, jede Menge bunte Stifte, Schere und Kleber. Setze dich gemütlich hin und schließe deine Augen.

Erinnere dich an deine Anfänge. In welcher Verfassung du auch jetzt bist, der Beginn war ein anderer. Vielleicht war deine Berufswahl pragmatischer Natur, ähnlich wie bei mir, oder du bist aus idealistischen Gründen zum Lehramt gekommen. Was war deine hauptsächliche Motivation, den Beruf zu ergreifen? Sicherheit, Freude an Kindern? Die Vereinbarkeit von Familie und Beruf?

Wie alt warst du? Welche Kleidung hast du damals getragen? Was war deine Lieblingsmusik? Wie hieß dein Haustier? Welche Ziele und Ideale hattest du? Wo hast du gewohnt? Welche Freunde hattest du?

Male dir alles genauestens aus, bis du wieder in demselben Alter bist, wie damals. Lasse zu, dass deine Mundwinkel sich nach oben verschieben. Lächle. Gestalte anschließend eine Collage.

Tipp

Heutzutage wimmelt es nur so auf dem Büchermarkt zum Thema Wunscherfüllung. Titel wie „Wünsch es dir einfach aber richtig" von Pierre Franckh oder „Bestellungen ans Universum" von Bärbel Mohr eroberten die Bestsellerlisten. Ausführlich kann man dort über Prinzipien der Wunscherfüllung nachlesen, dass man die Wünsche z.B. positiv formulieren soll und sich gleich bedanken soll, als wären sie bereits erfüllt, um sie anschließend loszulassen und abzugeben. Von alldem hatte ich damals keine Ahnung, aber rückblickend stelle ich fest, dass ich es instinktiv richtig gemacht habe. Der Mechanismus funktioniert zuverlässig und die Lieferung erfolgte zu einem Zeitpunkt, als ich es bereits vergessen hatte. Heute habe ich diese Technik verfeinert und wende sie immer noch an. Bei jedem Wunsch füge ich den Satz „Dies oder etwas Besseres möge sich zum Wohl aller erfüllen" hinzu. Jedes Mal lässt es mich erneut staunen, wie unerwartet und perfekt sich ein Wunsch erfüllt.

3. Da guckste, was? Public Viewing, individuell

Eines der Dinge, an die du dich erst gewöhnen musst, wenn du Lehrerin bist, ist die Sache mit der Öffentlichkeit. Nicht nur, dass jeder über Lehrer Bescheid weiß oder vielmehr zu wissen glaubt. Du selbst wirst, ohne zu ahnen, wie sehr dich das prägt, zu der Person, die von Eltern, Kindern und Kollegen gesehen wird. Nicht lange danach hast du eine Schere im Kopf. Denn du siehst dich selbst, wie du voraussichtlich gesehen wirst. Gesehen mit **ihren** Augen. Geachtet, geliebt, geschätzt, geehrt. Manchmal neigt sich die Waagschale eher in Richtung begutachtet. Begafft auf dem Schulfest. Beguckt auf dem Nachhauseweg. Bestaunt wegen der Kleidung, die an manchen Tagen ungewöhnlich ausfällt. Die bunten Hosen lässt du danach lieber im Schrank. Mit der Zeit wird das, was du trägst, farblos, wie das Fell einer grauen Maus. Dein Fell ist die Berufskleidung, gediegen, konservativ und brav. Die Persönlichkeit lässt du zu Hause, du trägst Bluse. Zu Besprechungen eventuell auch Jackett, wenn du Eindruck machen musst. Solltest du noch einen Zweifel daran gehabt haben, wer du bist, wirst du jetzt mit Staunen feststellen, wie sehr die Rolle zu deiner zweiten Haut geworden ist.

Die Person, die du bist und die du warst, ist nicht mehr dieselbe. Sie bewegen sich aufeinander zu, sofern du es in deiner Freizeit erlaubst. Das geht meines Erachtens am besten mit einer strikten Disziplin nach deiner Arbeitszeit. Sie besteht darin, alle negativen Emotionen, Gedanken, Situationen, Gefühle und Personen, die dich mit dem vergangenen Tag verbinden, abzuschneiden. Gelingt dir das nicht, stehst du am nächsten Morgen mit Ärger im Herzen, Sorgenfalten auf der Stirn und dem Wesen einer

Dampflokomotive auf, deren Antrieb „ICH MUSS NOCH" heißt. „Ich muss noch das Arbeitsblatt für die dritte Stunde kopieren, Frau Soundo zurückrufen wegen eines Termins, die Hausaufgaben korrigieren und eigentlich wollte ich noch Mathe vorbereiten." Die Buchstaben zerfließen vor deinen Augen, während du auf die unkorrigierten Blätter starrst, die vor dir liegen. Aber du zwingst dich weiter, deinen Rücken spürst du längst nicht mehr, spürst nicht deine Schultern, deinen Bauch, geschweige denn das Becken, die Beine oder die Füße. Nur die Buchstaben zählen und dass du es schaffst. Es schaffst, diesen Arbeitsberg in kürzester Zeit durch dein Hirn zu pressen, bis du am Schluss versehentlich Richtiges durchstreichst. Wenn du fertig bist mit dem Berg, räumst du gehetzt dein Pult leer, heftest die wichtigen Blätter ab, denkst an die morgige Besprechung, während du seufzt, weil wieder so viel Staub herumliegt, aber zum Putzen hast du wahrlich keine Lust … manmüssteeinfachöftereinePutzfraukommenlassen … achdieStationenmussichauchnochlaminierennurnichtjetzt   wannmacheichesdann …morgeninderFrühganzbestimmt … letzteWochehatsauchnichtgeklapptseufzundichgehejetzt.

Wie in Trance läufst du zur U-Bahn, seufzt, wenn sie vor deiner Nase wegfährt oder lässt dich aufatmend auf einen Sitz fallen. Nie warst du glücklicher als heute, deinen schmerzenden Rücken anzulehnen und deine Füße ausstrecken zu dürfen. Wage es und mache beim Tratsch mit der Nachbarin eine Bemerkung, dass dir vom Stehen den ganzen Tag der Rücken und die Beine wehtun. Deine Nachbarin meint trocken: „Ja, ich steh auch den ganzen Tag." Und mit einem schiefen Seitenblick: „Wie lange dauerts eigentlich noch bis zu den Ferien? Drei Wochen noch - dann können Sie sich ausruhen." Verfluchtnochmal, der Rücken tut mir aber JETZT weh!

Bandscheibenvorfälle sind bei den Kolleginnen ab 45 an der Tagesordnung. Es bis 48 ohne nennenswerte Vorfälle geschafft zu haben, ist an sich schon eine Leistung. Keine schlechte Idee, wenn man Rückenprobleme bei Lehrern als Berufskrankheit anerkennen würde. Welcher Kollege oder Arzt macht sich stark dafür und boxt das bei der Krankenkasse durch?

Merkwürdig ist auch, wie sich die Gespräche in deiner Freizeit unweigerlich in eine Richtung zu neigen beginnen, sobald du dazukommst. Weil jeder Kinder hat, dreht es sich früher oder später irgendwann um die Schule. Mit „Sag mal, wie siehst du das eigentlich?", wirst du zu Themen wie ADHS, Rechtschreibung, Sitzplätzen oder Tests gefragt. Ohne das Kind, oder dessen Lehrerin oder die Klassensituation zu kennen, mögest du bitte eine genaue Diagnose erstellen, im positiven Sinn deiner Bekannten, der Eltern natürlich. Dagegen zu argumentieren nutzt nichts, auf deiner Stirn steht LEHRERIN, eingraviert mit blauer Tinte.

Mich persönlich ödete das mit der Zeit so sehr an, dass ich solche Plätze und Leute mied, um den Stempel einer allwissenden unentgeltlichen Ratgeberin abzuwaschen. Als Alternative Eins verkleinerte ich so zwar meinen Freundeskreis, aber ich konnte wieder atmen und fand meinen Seelenfrieden wieder.

Alternative Zwei hat sich gelegentlich auch bewährt. Du wirst wütend, so wütend, dass du am liebsten weglaufen würdest. Du fährst nach Hause, ziehst die Turnschuhe an und rennst, rennst zur Isar und rennst, rennst, rennst.

Spürst das Blut in deinen Adern pulsieren, das Gras unter deinen Füßen, weichst den Entgegenkommenden aus oder rempelst sie an. Du rennst, rennst, rennst, spürst die Hitze aus den Poren strömen, stoßweise kommt der Atem, es tröpfelt der Regen, du bemerkst es kaum. Schweiß und Feuchtigkeit mischen sich, alles wird klamm. Du rennst, rennst, rennst den Ansprüchen davon, alles zu schaffen an diesem Tag. Rennst, rennst, rennst – durch die Wut hindurch, rennst, rennst, rennst, rennst – durch die Lehrerhülle, die dich umklebt wie Frischhaltefolie, rennst, rennst, rennst, rennst. - Erst wenn dein Körper nicht mehr kann, dein Atem keucht, wirst du langsamer, läufst aus, bemerkst den Regen, siehst, bestaunst endlich die Schönheit der Landschaft, nimmst die Gesichter der Menschen um dich herum wieder wahr. Autopilot abgeschaltet, ich bin wieder da.

Aktionen für heute oder später

Tipp 1

Wenn sich deine Rolle als Lehrerin zu sehr verwischt mit deiner Persönlichkeit, erinnere dich daran dass du eine **individuelle** Person bist, die einen Beruf ausübt. Verwende dazu, wenn du an deinen Arbeitsplatz gehst, unterschiedliche Taschen. Bewahre in einer davon ausschließlich deine persönlichen Sachen, den Geldbeutel, deine Schlüssel, Kaugummi, Taschentücher, dein Handy, dein Lieblingsbuch, das du liest, auf. Benutze für die Dinge, die du **beruflich** brauchst, eine andere.

Tipp 2

Verabschiede dich jeden Tag von deinem Arbeitsplatz und erinnere dich an die **schönen** Augenblicke, die du heute hattest. Bedanke dich dafür.

Tipp 3

Lass den Rest im Geist von dir abperlen, wie Wassertropfen auf dem Gefieder einer Ente oder als Luftzug durch das offene Fenster hinausströmen. Sobald du das Gebäude verlässt, **sei wieder du selbst**. Wenn nötig, mach eine Handbewegung vor deinem Bauch, mit der du alles von dir abschneidest, was dir nicht zu einem sonnigen Gemüt verhilft. Sonst kann es sein, dass du dich, ohne es zu merken, schnell in einer negativen Endlosschleife befindest, aus der du nur schwer herauskommst.

Aktion

Reduziere deine Bekannten, um die, die du nicht unbedingt brauchst. Überlege, in welchen Kreisen du dich gerne aufhältst (Sportverein, Kegel- oder Tanzclub, Kirche oder Kaninchenzüchter etc.) Schätze das, was dich glücklich macht und sei dankbar dafür. Lächle, wenn du Freunde aus diesen Bereichen triffst und genieße die Zeit mit ihnen.

Alternative

Kauf dir ein Paar Sneakers der Marke „Vergiss es" und benutze sie. Ärgere dich weiter.

Reflexion

Kannst du dich über die Vorteile freuen, die dir dein Beruf bietet, als Privatperson wie als öffentliche Person? Genießt du deine freie Zeit und die Ferien? Oder schielst du selbst dann auf andere, die es angeblich besser haben? Und denkst „Mein Gott, jetzt muss ich mir wieder anhören, wo die Kinder überall hinfahren, nach Amerika, Tunesien und dann noch zu Oma und Opa in den Bayerischen Wald..."

Die Vorzüge der Ferien habe ich nach vielen Jahren dummer Sprüche an meine Pinnwand auf Facebook folgendermaßen gepostet: So, jetzt haben wir endlich das, was wir uns ehrlich erarbeitet, redlich verdient haben und um das alle unsere Freunde uns beneiden, die den Job ansonsten ganz sicher nicht haben wollen: FERIEN!! - Vielleicht fällt dir ein ähnlicher Satz ein.

4. Interne Zwänge und ungeschriebene Gesetze

Du willst Anerkennung deiner beruflichen Leistung? Verständlich und menschlich. Dann hörst du von den Eltern deiner Schüler, dass sie es spießig finden, wenn du den Kindern in der 1. Klasse beibringst, Namenwörter groß zu schreiben oder Ordnung auf dem Tisch zu halten. „Wie? Das Federmäppchen liegt in der Ecke des Tisches mit sämtlichen gespitzten (!) Stiften darin? Und die Hausaufgabenmappe darunter? Wie? Mein Kind darf bei einer Gruppengröße von 24 Kindern nicht spontan sagen, was es denkt? Es muss warten, bis es an der Reihe ist? Es kann nicht aufs Klo, wenn es keine Lust mehr hat, zu arbeiten? Nase bohren ist auch nicht erlaubt? Und über die Zeilen hinaus schreiben auch nicht?...Wo bleibt denn die Individualität meines Kindes?!?"

Verstanden? Du bist als Lehrer/in zwar eine öffentliche Person, die für andere, in erster Linie mit Kindern arbeitet, Allerdings werden, wenn du Pech hast, deine jahrelang bewährten Methoden hinterfragt und von Leuten bewertet die von deinem Job keine Ahnung haben.

Die wenigsten Leute wissen wirklich, was es bedeutet, mit Gruppen zu arbeiten, organisatorisch, inhaltlich wie emotional. Sie wissen nicht, wie es ist, den fachlichen Ansprüchen genügen zu müssen, während vor ihrer Nase ein Flohzirkus herumtanzt. Beliebt ist die subversive Frage, ob du als Lehrerin eigene Kinder hast. Solltest du diese Frage verneinen, wird dir, mehr oder weniger offen, berufliche Inkompetenz unterstellt.

Menschlichkeit und Zusammenarbeit scheinen in der Schule wichtige Komponenten zu sein. Man hält zusammen und hilft sich gegenseitig aus, auch bei schwierigen Schülern. So kann es vorkommen, dass du einer Parallelkollegin einen Schüler abnimmst, mit dem sie nicht zurechtkommt. Dazu gehört auch eine Mutter, die unerfreulicherweise das Verhalten ihres Kindes beschönigt. Das sind nicht gerade günstige Voraussetzungen für eine gute Zusammenarbeit. So kommt es, dass du dich eineinhalb Jahre täglich ärgerst und jeden Tag Diskussionen mit dem Schüler führst, jeden zweiten Tag Schlägereien auf dem Pausenhof schlichten darfst, anstatt zu unterrichten.

Nach diesem Schüler weißt du, dass dir ein typischer Anfängerfehler unterlaufen ist. Denn in jeder Klasse gibt es aufregende Kinder, auch in deiner. Wenn du kollegiale Zusammenarbeit im Sinn von Mutter Teresa verstehst, hast du den Wert deiner eigenen Arbeit übersehen.

Danke sagt deine Kollegin zwar schon. Am ersten Tag zumindest. Und du fühlst dich geschmeichelt. Nur leider geht die Arbeit am nächsten und übernächsten Tag weiter. Und eine Gehaltserhöhung wegen zusätzlicher Mehrbelastung gibt es dann auch nicht. Dafür haben wir ja die Ferien. Freizeitausgleich statt Geld. In denen dürfen wir die nächsten grauen Haare beim Friseur umfärben lassen.

Gerne und selbstverständlich erwartet wird auch Mehrarbeit in Form von Einarbeitung neuer Kolleginnen. Du zeigst ihnen, wie es an der Schule läuft, organisatorisch wie menschlich. Dafür suchst du etwa eineinhalb Jahre jedes Arbeitsblatt in Deutsch, Mathe, HSU raus oder du stellst deine Ordner zur Verfügung, machst Vorschläge zu Stationenläufen, Spielen und Ausflügen. Es entwickelt sich eine wirklich nette Gemeinschaft unter Parallelkolleginnen. Das weißt du ehrlich zu schätzen. Im Vergleich mit der Einarbeitungsphase in anderen Arbeitsverhältnissen dauert das aber doch ziemlich lang. Dafür gibts Dankesworte von der Direktorin. Na, wenn schon kein zusätzliches Geld, dann doch wenigstens so etwas wie Anerkennung. Stattdessen ist diese Strategie verbreitet: Willst du Erfolg und Anerkennung im System haben, ist es sinnvoll, sich auf Tätigkeiten zu stürzen, die dir Punkte bei deiner Vorgesetzten bringen. Das sind alle Tätigkeiten, die man öffentlich vorweisen kann, um die sich sonst keiner reißt. Protokollschreiben bei der Lehrerkonferenz zum Beispiel. Für die Schuleinschreibung zusätzlich mehrere Stunden oder Tage mit Vor- und Nachbereitung zu verbringen, handelt dir auch einen Pluspunkt ein. Falls du Glück mit deiner Direktorin hast, bekommst du einen Freizeitausgleich, intern versteht sich. Dafür musst du allerdings den Mund aufmachen und nachfragen. Von alleine bietet es dir niemand an. Ansonsten arbeitest du einfach mehr und hast als Ausgleich: Die Ferien!

Außerdem kannst du dich gerne bei der Planung für das Sommerfest melden, das immer in die Zeugniszeit fällt. Da hast du bereits etwa eineinhalb durchgearbeitete Monate hinter dir. Unter der Woche Zeugnisse zu schreiben, kannst du meist vergessen. Ich zumindest kann keinen klaren Gedanken fassen, nach einem Tag mit herumhüpfenden und plappernden Kindern in meiner Klasse.

Ich gestehe, dass ich einfach nur in Ruhe unterrichten will. Ich will das Staunen der Kinder hören, wenn ich etwas an der Tafel zeichne: „Oh, du kannst aber toll malen!" Ich will ihre Augen groß werden sehen, wenn ich eine Geschichte vorlese, und will bei Klatsch und Singspielen ihre unmittelbare Begeisterung erleben.

Doch es genügt nicht, nur zu unterrichten. Bei so wenig Engagement ist es kein Wunder, dass die Beurteilung deiner Direktorin schlecht ausfällt. „Schlecht" in der Lehrersprache heißt in Normalsprache, im mittleren Bereich zu sein. Wenn nur die zu gelten scheinen, die die Allerbesten sind, ist der einzige Weg aus diesem Druck heraus, sich selbst zu sagen: „Ich bin gut genug." Nichts weiter.

Doch im Normalfall bist du, ohne eine philosophische Erkenntnis, nach vier Wochen Schule schon derart erschöpft, dass du dich nur noch ins Bett legen und heulen kannst. Es sind ja bald Ferien, noch zwei Wochen, noch neun, acht, sieben, sechs, fünf, vier, drei, zwei, einen Tag. Endlich frei!

Solltest du jedoch vorher schon vor Erschöpfung umfallen und krank werden, ists auch nicht recht. Meist erwischt dich in einem Steh-Lauf-Beruf der Klassiker: Lendenwirbelsäule oder Erkältung und/oder Heiserkeit. Der Rabe Abraxas ist nichts gegen dich und es macht einfach keinen Eindruck, wenn du den Klassenkasper mit krächzender Stimme anraunzt. Du hältst also den Mund, schüttest zu Hause literweise Tee in dich rein, inhalierst brav Salzwasser und kurierst dich aus. Nach fünf durchgearbeiteten Jahren habe ich die ungeschriebenen Regeln gebrochen. Ich war es leid, aus Menschlichkeit und dem Pflichtgefühl für andere, meine eigene Gesundheit zu vernachlässigen. Ich legte mein Schuldgefühl ab wie einen zu eng gewordenen Schuh. Wenn ich Bronchitis, Rückenschmerzen oder Pfeifen im Ohr hatte, blieb ich zu Hause.

Und ich beneidete meine Freunde, die im Büro saßen, um viertel vor neun gemütlich den PC anzuwerfen und wenn es nötig war, Kundengespräche an den Kollegen weiterzuleiten oder erst einmal eine Stunde vor dem Computer „verschliefen", mit einem Kaffee in der Hand. Aber was solls, ich hatte ja zum Ausschlafen … was? Ja, genau, die Ferien. FEEEEEEERIEN!!!

Die Ferien. Sie sind der Haltepunkt, den du brauchst, um die Augenringe zu verkleinern. Luxus? Nein, ein Anker, der dich vor dem Verrücktwerden bewahrt.

Aktionen für heute oder später

Reflexion

Passen dir deine Schuhe noch? Ich meine das im übertragenen Sinn. Die Schuhe, in denen du in die Schule läufst, sind dem System angepasst, für das du arbeitest. Erinnere dich, welche Systeme du schon kennengelernt hast. Vielleicht hast du schon in anderen Berufszweigen gearbeitet. Welche Zwänge galten dort? Sind es die gleichen, die du jetzt erlebst?

Tipp

Ein Schultag macht unglaublich müde. Nachdem die Ganztagsschule eingerichtet worden war, wurde ich immer schlapper. Nicht sofort, aber schleichend setzte ein Prozess ein, der mich immer erschöpfter werden ließ. Ich begann zu überlegen, wie ich die langen Tage durchstehen konnte, hörte mich bei Kolleginnen um. Der Knackpunkt war tatsächlich die Mittagspause, häufig durch Aufsichten, Kopieren oder Gespräche verkürzt. Ich maß ihr – und mir – wieder mehr Wichtigkeit bei. Wenn ich für die Kleinen extra eine Kuschelecke eingerichtet hatte, damit sie sich ausruhen durften, wenn sie müde waren, warum tat ich das nicht auch für mich? Gedacht, getan. War ich ruhebedürftig, sperrte ich mich mittags in meiner Klasse ein und legte mich hin. Tatsächlich schaffte ich es, 15 oder 20 Minuten zu schlafen. Die kurzen „Naps" brachten mir kurz sowie längerfristig eine tiefe Entspannung im Arbeitsalltag.

Aktion

Was belastet dich am allermeisten? Wo ist dein Knackpunkt?

Wenn du ihn gefunden hast, konzentriere dich zunächst nur darauf. Überlege, wie du ihn kleinschrittig zu deinen Gunsten verändern kannst.

Aktion für Fortgeschrittene

Überlege, welche Systeme du anziehend findest. Beschäftige dich mit einem, das du bisher nicht kanntest. Beispielsweise mit dem der Traditionellen Chinesischen Medizin oder dem Zen-Buddhismus. Du wirst merken, dass sich andere Kulturen faszinierende Blickwinkel auf Probleme zu eigen gemacht haben. Nach einer Weile möchtest du vielleicht tiefer einsteigen und meldest dich für einen auf den Westen adaptierten Kurs wie Meditation, Yoga oder Klopfakupressur an. Bleibe bei dem, was deinen Horizont weit macht, anstatt ihn zu verengen.

Meditation

Atme ruhig ein und aus, entspanne dich. Lass deine Gedanken vorüberziehen, wie Wolken am Himmel. Denke beim Einatmen die Worte „ICH BIN" und beim Ausatmen „GUT GENUG". Mache diese Übung vier Minuten lang, am besten täglich.

5. Chaoten, Träumerle und Engelchen

Wenn es ganz blöd läuft, fängt der Tag folgendermaßen an: Eine Erzieherin bringt einem Kind aus deiner Klasse die Uhr zurück, die es in der Turnhalle liegengelassen hat. Ganz nebenbei, was würdest du sagen, wenn dir jemand etwas nachträgt? „Oh, vielen Dank, das ist aber lieb von dir" vermutlich. Der Junge aber sagt: „Na, endlich!" und seufzt. Mir bleibt vor Empörung die Luft weg und ich spreche mit ihm. Erstaunt schaut er mich aus großen Kulleraugen an, bis ich nicht zum ersten Mal bei ihm merke, wie meine Worte direkt durch ihn hindurchzuschweben scheinen. Zwei Stunden später, ich erkläre gerade was in Mathe, sehe ich, wie einer, der sich immer wieder mal hinwegträumt, in der Nase bohrt. Bohrt und bohrt. Gedankenverloren steckt er anschließend den Finger in den Mund und isst. Igitt. Ein Jahr lang habe ich diesem Kind bereits erklärt, es möge bitte Taschentücher benutzen. Wozu er jedes Mal brav genickt hat. Einen Monat später bohrt der Junge wieder nach Schätzen in der Nase. Da bleibt nur noch die Möglichkeit, zynisch zu werden und ich frage ihn, ob es ihm schmeckt. „IIIHHHHH", ruft mindestens die halbe Klasse, „das ist ja eklig!" Wenigstens ein paar, die genauso denken, wie ich.

In der Ess- und Spielpause – ein paar Kinder stehen zusammen – rülpst einer laut. Ich schaue ihn missbilligend an, nenne ihn beim Namen. Er legt betreten die Hand auf den Mund und entschuldigt sich. Immerhin.

Doch die Serie ist noch nicht zu Ende. Kurz vor der Mittagspause, wir sitzen im Kreis, pupst es aus einer Ecke. „Das war ich nicht, der war es", sagt Pupsie unschuldig und deutet auf ein anderes Kind. Pupsie ist einer, der, wenn ich einen Arbeitsauftrag erteile, wie zum Beispiel ›*Wer sein Blatt fertig gerechnet hat, darf das Malheft rausnehmen und malen*‹, das Arbeitsblatt unter dem Tisch verschwinden lässt. Natürlich nur, wenn er glaubt, dass ihn niemand beobachtet. Deswegen sitzt er auch ganz vorne, alleine. Auf meine Nachfrage sagt er, er wäre fertig. „Oh gut, dann zeige es mir doch bitte", meine ich. Worauf ihm einfällt, dass er ja doch nicht fertig ist. Er zieht sein Blatt raus und arbeitet weiter. Das ist ein großer Fortschritt im Vergleich zur ersten Klasse. Damals diskutierte er minutenlang mit mir und hätte ums Verrecken das Blatt nicht rausgerückt. Dass er jetzt so gut folgt, ist das Ergebnis der Zusammenarbeit mit der Psychologin, die ihn immerhin fast ein Jahr begleitet hat.

Am Ende eines solchen LuftausallenLöchernTages bin ich in der Regel ziemlich erledigt. Sicherlich hast du, lieber Kollege/ liebe Kollegin aus anderen Jahrgangsstufen und Klassen entsprechende Beispiele mit Begebenheiten, bei denen du dich letztendlich fragst, wozu du den Beruf ergriffen hast. Es geht mir auch nicht darum, Kindern das Rülpsen, Pupsen, Nasebohren für immer wegzuerziehen. Dann daran würde ich mit Sicherheit scheitern. Die Frage ist, wie wir mit belastenden Situationen im Berufsalltag umgehen. Dass die Beispiele auf dieser Seite noch zu den harmlosen gehören, werden sich alle vorstellen können. Ich brauche euch auch nicht zu erklären, wie viele solcher Typen in jeder Klasse zu finden sind. Ihr wisst es bereits. Etwa ein Drittel. Und jedes Mal hat es unterschiedliche familiäre Gründe. Aber auch darauf möchte ich nicht hinaus. Die Frage ist, weshalb liest du dieses Buch? Vermutlich nicht, weil du glücklich und zufrieden bist und jeden Tag gerne zur Arbeit gehst. Ziemlich wahrscheinlich hast du schon Verschiedenes ausprobiert, weil du nicht mehr weiter weißt. Oder bist zumindest unzufrieden, ratlos, frustriert, überfordert oder depressiv...

Nach jahrelangem Training im Jammern, Klagen und täglich im Lehrerzimmer Schimpfen sind wir jedoch im Grunde genommen schlechter dran als vorher. Viel mehr, als dass wir vordergründig Dampf ablassen, der dann als üble Stimmungswolke mitten im Zimmer herumhängt, passiert nicht. Da wir unzählige Stunden mit unserem Beruf verbringen, vielleicht einen großen Teil unseres Lebens, haben wir jedoch auch viele Gelegenheiten, alte Gewohnheiten durch neue zu ersetzen.

Ja, ich weiß genau, was viele Lehrerinnen jetzt denken. „Aber ich habe doch einen Erziehungsauftrag! Aber ich muss doch..." Stimmt genau. Den haben wir tatsächlich, neben der Stoffvermittlung. Nur – ändern können wir andere nicht, am allerwenigsten Schüler wie Matschbirne, Pupsie und Popelgräber. Diese Kinder können wir höchstens ein Stück des Weges begleiten, sowie den Eltern, wenn sie diese annehmen, Hinweise und Ratschläge geben. Solange wir alles besser wissen, besser als die Eltern, reiben wir uns irgendwann auf. Durch unsere veränderte innere Haltung – manchmal auch Zurückhaltung – erreichen wir mehr als durch Vorwürfe, Klagen, Opfermentalität und Besserwisserei. Das mag zunächst unbequem sein, verlangt es doch, dass wir uns aus der Denke der Komfortzone hinausbewegen. Die gute Nachricht ist: Es funktioniert. Die schlechte: Es dauert ein wenig, bis sich erste Erfolge zeigen.

Und die Engelchen? Die Braven? Die Wissbegierigen? Oft übersieht man bei all den Beschwerden, was gut läuft. Dafür habe ich den besonderen Schülern ein ganzes, eigenes Kapitel gewidmet (Kap. 7 Herzöffner).

Aktionen für heute oder später

Tipp

Als Erste Hilfe-Maßnahme kannst du folgende Übung probieren: Stelle dir vor, in deinem Körper befindet sich ein Wasserbehälter wie in einem Dampfbügeleisen. Es nimmt alles auf, was im Lauf des Tages so vorbeischwebt: Schüler, Situationen, Elterngespräche, den Zeitdruck. Atme tief ein. Drücke, während du ausatmest, die imaginäre Spraytaste, die das Wasser ausströmen lässt. Spüre, wie alles, was in dir ist, sich in Dampf verwandelt und durch die Poren deines Körpers verschwindet. Wiederhole den Vorgang, sooft es nötig ist. In hartnäckigen Fällen betätige die Dampfstoßtaste.

Meditation für Eilige

Wenn es mal wieder in deinem Kopf und deinen Gefühlen brodelt: Denke beim Einatmen das Wort ›Frieden‹ und beim Ausatmen das Wort ›Stress‹. Nur das, mehr nicht. Wiederhole diese Übung viermal, mindestens aber so lange, bis es dir wieder besser geht.

Aktion

Finde einen systemischen Therapeuten und nimm an einer Sitzung mit einer Aufstellung teil. Stelle deine Schüler, deine Klasse, das Beamtentum oder was immer dir im Magen liegt, auf. Ich verspreche dir, du wirst nachdenklicher herauskommen, als du hineingegangen bist.

Aktion für Fortgeschrittene

Besuche systemische Seminare mit unterschiedlichen Ausrichtungen und Schwerpunkten. Es tut unendlich gut, wieder in die Rolle eines Schülers zu schlüpfen und zu sehen, was andere produzieren. Genieße es. Nebenbei erweiterst du deinen Horizont auf ungeahnte Weise. Mit der Zeit wird der zunächst ungewohnte Blickwinkel deine Meinung, deine Haltung unmerklich ändern. Bist du hartnäckig genug, schwinden irgendwann auch deine Vorverurteilungen.

Reflexion

Überleg mal, wie du vorgehst, wenn du deine Freunde zum Essen, sagen wir mal einem Salat einlädst. Du gehst in ein Lebensmittelgeschäft, kaufst alle Zutaten, die man so für einen Salat braucht. Rote Tomaten lachen dich an, knackiger Rucola, frische grüne Gurken und ein paar geröstete Pinienkerne obendrauf. Schon beim Besorgen läuft dir das Wasser im Mund zusammen und du stellst dir vor, wie du die Zutaten kleinschnippelst, das Ganze anmachst und das fertige Ergebnis vor dir steht. Im Geist genießt du jetzt schon, wenn ihr im Freundeskreis zusammensitzt und den Salat verspeist. Dass du nur gute, frische Zutaten kaufst, versteht sich von selbst, nicht wahr? Schließlich soll es deinen Freunden und dir ja schmecken.

Und nun vergleich mal die Nahrungsaufnahme mit dem, was du so geistig zu dir nimmst. Wie redest du täglich über deine Schüler/ die Eltern/ das Schulsystem? Freundlich, herablassend, wohlwollend, bitter...? Was macht den Großteil der Emotionen aus, mit denen du über sie sprichst? Ganz ehrlich?

Würde es dir beim Salatzubereiten einfallen, zum Müllkübel zu gehen und halbvergammelte, stinkende Blätter rauszuziehen, um sie für deine Freunde herzurichten? Sicher nicht. Genauso verhält es sich meiner Meinung nach bei den Gesprächen und auch Gedanken, die wir uns über andere machen. Wenn wir nur das von uns geben, was schlecht ist oder uns ärgert bzw. aufregt, verstopfen wir unser Gehirn. Es ist wie geistiger Müll, der sich immer mehr ansammelt, je länger wir dieser Angewohnheit frönen. Irgendwann wird der zunächst schmale Gedankenpfad breit wie eine Autobahn und auszusteigen fast unmöglich.

Was wäre, wenn du statt dieser Einbahnstraße eine andere Möglichkeit ausprobierst? Wenn du über andere schimpfst, lästerst oder dir einen Sport daraus machst, immer noch üblere Begebenheiten aus dem Ärmel zu schütteln, die dir zugestoßen sind, passiert kurzfristig nur eines: Du fühlst dich besser, weil du schlechter dran bist als deine Kollegen. Herzlichen Glückwunsch, du arme Sau! Gibts denn einen ersten Preis für den, dem es am schlimmsten geht? Uns darf es ja gar nicht gut gehen, oder?

6. Liebe und weniger liebe Kolleginnen

Gottes Zoo ist mannigfaltig, daher findet sich wahrscheinlich auch in deinem Kollegium eine bunte Mischung verschiedener Charaktere, über die du dich aufregen oder amüsieren kannst oder einfach nur ablästern magst, je nach Temperament. Wie die **Obermaulschelle**, die jeden abwatscht, der ihr mit einer anderen Meinung in die vermeintliche Quere kommt: „Jede, absolut JEDE Fortbildung ist schlecht. Ich versuche es zwar immer wieder und gebe die Hoffnung nicht auf, aber bisher habe ich keine gute gefunden." Oder es tummelt sich im Kollegium die emsige **graue Maus** – besonderes Kennzeichen: Grau und unauffällig –, jederzeit beschäftigt und bemüht, alle Aufgaben pflichtgetreu zu erfüllen. Einmal im Jahr geht sie zum Friseur, wahlweise zur Kosmetikerin und lässt sich verschönern. „Oh mei, war das wieder teuer! Dennoch wunderbar!" Aber auch das Gegenstück, der **eitle Pfau** gehört unbedingt dazu – besonderes Kennzeichen: Geht einmal wöchentlich zum Zähnebleichen/ Coiffeur/ zur French Manicure. Dass er technisch und modisch stets auf dem neuesten Stand ist, versteht sich wohl von selbst. Genussvoll lässt er sich bei jedem Neuerwerb bestaunen und weicht Fragen, ob es denn nach zehn Jahren nicht Zeit für eine neue Liebe im Leben sei, gekonnt aus.

Dann gibts da noch die **geschmeidige Sportkatze**, stets gut gelaunt mit einem Witz auf den Lippen. Locker, flockig und leicht federnd betritt sie jeden Raum und gewinnt auch den ernsthaftesten Themen bei Unterhaltungen eine positive Seite ab. Sie nimmts eben sportlich, worum es auch geht. Mit den positiven Seiten des Lebens kennt sich auch die **entspannte Pandafrau** aus. Aufgrund ihrer sozialpädagogischen Fähigkeiten muss sie jeden Streit zweier Kinder auf der Stelle klären. Ungeachtet dessen, ob sie zu spät zu ihrer nächsten Unterrichtsstunde, die deine Freistunde ist, kommt. Gerne sitzt sie beratend Gesprächen in schwierigen Situationen oder Konferenzen bei, um diese wortreich mitzugestalten. Bevor es für sie zu lang wird, verlässt sie jedoch mit einem entschiedenen Blick auf die Uhr die Szene: „Ich muss meine Kiddies vom Fußball/ Judo/ Klavier abholen."

Skurril wird es dann, wenn sie dich als zusätzliche Förderlehrerin stundenweise unterstützt. Könnte sein, dass dies an einem ihrer Beratungstage passiert. Die Unterstützung besteht dann aus wöchentlichen Entschuldigungen, weshalb sie nicht kommen kann - die Namen der Eltern wechseln, sie bleibt dem Unterricht konsequent fern. Ob sie überhaupt einmal kommt?

Ich überlege, ob man aus diesen Beobachtungen nicht einen Sketch für eine Theatergruppe für Beamte machen kann.

Dieser ließe sich noch steigern - wenn man das Hauptaugenmerk grollend darauf lenkt, um wie viel besser es andere haben. So eine **Pandafrau** könnte als Fachlehrerin mit eigenverantwortlichem Unterricht in deiner Klasse eingesetzt werden und es nur selten schaffen, eine Unterrichtssequenz in der ihr zur Verfügung stehenden Zeit durchzuziehen. Selbst einen von dir vorgegebenen Hefteintrag verändert sie nach ihrem Gusto. Benotung? Vergiss es. „Die Kinder sind doch noch sooooo klein, die kann man doch nicht schon benoten!" Äh, wie bitte? Dann könnte man ja versuchen, Notenvergabe als steuerliche Belastung abzusetzen ... - Du dachtest, die Kollegin werde dich unterstützen und entlasten? Pustekuchen. In der Konsequenz nimmst du die Themen selbst noch einmal als Klassenlehrerin durch und bewertest sie. Von dir angebahnte Gespräche über das unkollegiale Verhalten schmelzen wie Eis im Sonnengemüt. *Like ice in the sunshine...lalalala.* Der Sketch ist jetzt fertig - wenn ich doch nur einmal Zeit hätte, ihn aufzuschrei-hei-ben.

Doch Hilfe naht! Jedes Kollegium darf sich glücklich schätzen, ein **WSM** in seiner Mitte zu haben. Besonderes Kennzeichen: Es hat immer das Schlimmste erlebt. Sei es mit einem Schüler, der Klassenzusammensetzung, einem Elternteil, den persönlichen Lebensumständen oder einer Krankheit. Es gibt nichts, was ein **WSM** nicht überbieten könnte. Das **WSM** (= Worlds Suffering Most) zitiert dazu, wenn es nötig ist, Schwänke aus seiner Jugend. Recht hat es immer und das letzte Wort obendrein. Zu stoppen ist so ein **WSM**, das jahrelang lautstark sein Unwesen treiben kann, nur durch die geballte Kraft der **Lästerziegen**. Stets stecken sie in den Pausen die Köpfe zusammen und tuscheln. Heilig ist ihnen nichts auf der Welt und so setzen sie laut meckernd dem Ganzen ein Ende durch ausgiebiges Durch-den-Kakao-ziehen des **WSM**. Idealerweise ist das **WSM** dann im Nebenraum, so dass es die Lästerattacke mitbekommt. Danach wird es eine ganze Weile still im Lehrerzimmer, denn keiner leidet mehr öffentlich so schön wie das **WSM**. Solange, bis es erneut was zum Aufregen gibt und eines der anderen Tiere für eine Weile die Hauptrolle übernimmt.

Es gäbe noch etliche Charaktere zu beschreiben, zum Beispiel das **Mitläuferpferdchen** oder die **klagende Unke**. Nur kann ich hier aus Platzgründen nicht alle aufzählen. Ich bin mir aber sicher, dir fallen auch noch weitere putzige Tierchen ein.

Aktionen für heute oder später

Einstimmung

Zu welchem der possierlichen Tierchen gehörst du? Ist dir überhaupt schon mal aufgefallen, in was für einem Zoo du arbeitest? Fühlst du dich wohl in deiner Rolle? Oder wolltest du nicht schon immer mal die Rolle wechseln?

Aktion

Probier mal aus, ausgiebig zu jammern, wenn du zu den grauen Mäusen gehörst. Setz immer noch eins drauf, wenn andere sagen, wie schlimm der Schüler ist. Du hast jetzt mal die Schlimmeren! Oder wenn du sonst immer nur Recht hast, sei einfach mal still und höre zu. Geh zum Nägelmodellieren oder zur Gesichtsmassage, wenn du dir nichts aus Äußerlichkeiten machst. Und dann genieße es, wie es sich anfühlt, einen Tag lang jemand anderer zu sein. Vielleicht bist du jetzt auf den Geschmack gekommen und möchtest das Rollenspiel beibehalten. Eventuell fällt dir auch auf, dass die Rolle, die du jahrelang gespielt hast, nicht mehr deine ist. Hast du schon mal an eine Theatergruppe in deiner Freizeit gedacht? Da kannst du zwanglos in jede Rolle schlüpfen, die dir behagt und sie genüsslich auskosten.

Reflexion

Durch das große Theater, offiziell Referendariat genannt, mussten wir in Bayern alle durch. Szenen mit Auftritten deines Seminars und der Seminarleiterin wechselten sich ab mit wahlweise unerzogenen oder allzu braven Schülern und deren Eltern. Das Ende des letzten Aktes erreichte dann abschließend seinen Höhepunkt mit dem gesammelten Erscheinen der Schulräte. Spätestens nach diesen zwei

Jahren weißt du, es muss sich lohnen, Lehrerin geworden zu sein. Und du setzt alles daran, um das Leben nach der anhaltenden Schlaflosigkeit wieder genießen. In vollen Zügen. Oder zumindest in den Ferien. Nein? Du kommst am Sonntag in die Schule, um zu arbeiten, wie während der Ausbildungszeit? Puh. Das Theater geht weiter, wirst du bald im Alltag feststellen, nur auf einer anderen Ebene. Solange, bis du in kleinen Schritten etwas änderst.

7. Herzöffner

Mit der Zeit rutschte ich immer mehr in meine Lehrerinnen-Rolle hinein und merkte es nicht einmal. In jeder Pause hörte ich mir die Kommentare der Kolleginnen an. „Der ... hat wieder" – „Hast du schon gehört" oder „Stell dir vor, die xy möchte, dass ich sie zurückrufe". Künstliche Aufregung, Empörung über die Eltern und Kinder, sie sich nicht an das festgezurrte Netz der Lehrermeinungen halten - die natürlich die einzig wahren auf dieser Welt sind!

Unmerklich glitt ich in dieselben Gedankenmuster, die ich so sehr hasste. In meiner Klasse fand ich einen Konsens zwischen dem Mindestmaß an Verhalten, das ein friedliches Zusammenleben und Arbeiten ermöglichte, und der Einschnürung meiner beruflichen Denke. Meistens jedenfalls. Genauer gesagt hielt dieser Zustand etwa drei Wochen nach jedem Ferienzyklus an. Danach war ich Lehrerin ohne nachzudenken. Ich wusste, wie Schüler, Eltern und sonstige Personen sich auf diesem Planeten zu verhalten hatten. Zweifelsohne war diese Einstellung hilfreich, um den Beruf ausüben zu können. Brav ging ich in die Arbeit und registrierte nicht, wie ich jeden Tag seufzend aufstand. Da der Laden lief, jeden Monat der Gehaltszettel kam und ich mit dem Rhythmus der stets wiederkehrenden Schulzeit–Ferien–Schulzeit nahezu verschmolz – was wollte ich eigentlich noch mehr? Das wusste ich schon. Ich wollte einmal – BITTE NUR EINMAL in meinem Leben – einen Jahrgang haben, dem ich **nicht** beibringen musste, nicht in der Nase zu bohren, hilfsbereit zu sein, gehässige Bemerkungen zu unterlassen oder mühsam Gesprächsregeln und allgemeingültige Regeln des

Sozialen fraglos zu akzeptieren. Ohne mir den Mund fusselig reden zu müssen, sollte es einfach flutschen. Ich flehte Gott, das Universum, die Engel und alles was ich kannte, an, dass es bitte, bitte, BITTE einmal so sein möge, wie ich mir dies vorstellte.

Und ich bekam ihn, diesen Jahrgang, fast exakt so. Es war einer, in dem die Liebe spürbar war, die die Eltern ihren Kindern entgegenbrachten. Ausgeglichene Väter und Mütter, die ihre eigene Rebellion längst hinter sich gelassen hatten, konform mit dem Schulwesen und die mir das Vertrauen und die Geduld entgegenbrachten bei Methoden, die ihnen noch unbekannt waren. Kinder, die gerne und wissbegierig miteinander arbeiteten, unterschiedliche Meinungen friedlich lösten, stets an der Sache als solches interessiert. Ein Traum! Ja, auch in diesem Jahrgang gab es ein, zwei Wermutstropfen, respektive Schüler, bei denen es anders lief. Aber das Gros der Klasse fing es auf.

Und als Zugabe fügte der Himmel obendrein noch zwei kleine Mädchen hinzu, die mit ihren langen, blonden Haaren aussahen wie Engelchen. Das Aussehen war allerdings nicht das Entscheidende, vielmehr, dass sie sich, wie magnetisch angezogen, im Sitzkreis immer neben mich setzen wollten. Jedes Kind wünscht sich mal, unbedingt neben der Lehrerin zu sitzen. Aber egal, wie oft ich sie wegschickte, damit auch andere den Platz neben mir bekamen, diese beiden Mädchen schnellten zurück wie ein gedehntes Gummiband. Eine rechts, eine links von mir. Es war einfach nicht zu ändern, zwei Jahre lang nicht. Etwas unheimlich war das schon und ich fragte mich, womit ich das verdient hätte. Ich war schließlich nur die Lehrerin. Ich forschte bei meinen Kolleginnen nach, ob sie so etwas Seltsames schon erlebt hätten. Nein, hätten sie noch nicht. Kopfschütteln. „Und die anderen Kinder in deiner Klasse? Sind die nicht eifersüchtig?" Ich erklärte: „Doch, sie murren, aber sie akzeptieren es. Die beiden Magnetmädchen haben einfach Vorrang." „Genieße es doch, das ist doch schön!" meinte eine Kollegin schließlich.

Was ich schlussendlich auch tat. Hatte ich mir denn nicht insgeheim ein kleines Wunder erhofft? Und jetzt, wo ich es endlich vor der Nase hatte, war es wieder nicht recht? Ich freute mich jeden Tag darauf, in die Schule zu gehen.

Nach diesem Jahrgang begann ich nachzudenken, ob es diese herzöffnenden Kinder nicht schon einmal gegeben hatte. Es dauerte nicht lang und ich entdeckte sie in jeder Klasse. Manchmal traten sie vereinzelt auf, manchmal in Zweier- oder Dreier-Grüppchen. Aber wie intensiv ich auch die Sache durchleuchtete, ich kam dennoch auf keine Gemeinsamkeit, die diese Kinder alle miteinander hatten. Es waren Mädchen oder Jungs, leistungsstarke oder schwache Schüler, Schüchterne und Selbstbewusste darunter. Der Effekt jedoch blieb: Sie hatten in irgendeiner Form ungewohnte Verhaltensweisen oder sagten ein, zwei Sätze, die mich aus dem grauen Lehrerinnenschlaf erwachen ließen … und lächeln. Mein Herz wurde wieder weit.

Aktionen für heute oder später

Reflexion

Was ist heute gut gelaufen? Heute, nur heute? Erinnere dich: Wie bist du aufgestanden? Hast du die Vögel zwitschern hören, auf deinem Weg zur Arbeit? Kannst du das, was dich **jetzt** freut, wahrnehmen?

Tipp

Lies ein Buch, das dich wieder in die Gegenwart zurückholt und erdet. Louise Hay und Cheryl Richardson beschreiben in „Ist das Leben nicht wunderbar!" recht anschaulich, wie die erste Stunde am Morgen die restliche Zeit des Tages beeinflusst. Mit Denkmustern, die automatisch ablaufen, werden häufig Erfahrungen in Gang gesetzt, die ähnliche anziehen. Überlege, wie du deinen Tag verbringen möchtest. Lass dich anstecken davon, wie es wäre, jeden Tag immer einfacher und leichter zu verbringen. Natürlich ist es zunächst ungewohnt, festgefahrene Gewohnheiten zu ändern oder sie auch nur zu hinterfragen. Aber was vergibst du dir dabei? Versuche es und bleibe erst mal am Ball.

Aktion

Lege dir ein Danke-Buch zu, in das du hineinschreibst, wofür du an diesem Tag dankbar bist, zum Beispiel: „Danke, dass meine Kollegin für mich den Aufzug geholt hat, als ich beide Hände voll hatte. Danke, für die lustige Bemerkung von xy. Danke, für den netten Brief von Frau M." und so weiter.

Ja, auch ich habe zunächst bei diesem Vorschlag innerlich die Augen verdreht. Wie, ich soll ein A5 Heft täglich mit mir herumschleppen und dann auch noch minutiös Ereignisse aufschreiben? Es erinnerte mich an unzählige Statistiken und Listen, die ich pflichtbewusst führte. Nachdem sich meine Aufregung gelegt hatte, begann ich erneut darüber nachzudenken. Ich wollte meinen Alltag verändern, das tägliche öde Einerlei. Für wen also machte ich mir die Mühe? Die Antwort lautete eindeutig: Für mich! Und es würde auch keiner inhaltlich nachvollziehen oder auf Vollständigkeit hinterher prüfen. Zögerlich fing ich daher zunächst mit dem Danke-Buch an. Überraschenderweise entwickelte sich das Ganze mit der Zeit zu einem echten Selbstläufer. Je mehr ich entdeckte, was mich freute, desto mehr schrieb ich auf. Je mehr ich aufschrieb, desto mehr passierte auch, was ich schriftlich festhalten konnte. Heute möchte ich mein Danke-Buch nicht mehr missen.

8. „Sie hätten sich ja einen günstigeren Zeitpunkt für Ihre Schwangerschaft aussuchen können!"

Diesen Spruch bekam eine Kollegin von einer Schülermutter zu hören, als diese Anfang der vierten Klasse schwanger wurde. Als klar war, dass die entscheidende Phase des Übertritts, wenn alle verrückt spielen, nicht von der Klassenlehrerin in der seit einem Jahr gewohnten Art und Weise begleitet werden würde. Insbesondere wie die Noten ausfallen würden, interessierte die Mutter. Genauer gesagt (vermuteten wir im Lehrerzimmer) ging es darum, ob denn die neue Lehrkraft das Kind mit der bisher gewohnten Note zwei bedenken würde. Die umfassende Liebe dieser Mama zu ihrem Kind ging so weit, dass sie keinen Gedanken daran verschwendete, wie die Lebensplanung einer Lehrerin, die tatsächlich nicht nur ein Mensch, sondern auch eine Frau ist, aussehen kann. Die Vorfreude einer Lehrerin auf das eigene Kind, so scheint es, muss sich für manche Eltern wohl beruflichen Zielen unterordnen.

Es bleibt die Frage, wie man mit solchen Provokationen umgeht. Zurückbellen zum Beispiel: „Sie spinnen ja wohl, glauben Sie, ich werde schwanger, wie es für Sie am günstigsten ist?" Oder: „Danke für die große Anteilnahme an meinem Wohlergehen." Was würden diese ironischen Antworten wohl bringen? - Also, was sagst du, wenn du eigentlich gar nichts sagen kannst – sozusagen eine beruflich bedingte Maulsperre hast? Du babbelst irgendwas, um wenigstens eine kleine Grenze zu ziehen. Ja nachdem, wie du gestrickt bist, hängt dir ein schales Gefühl nach.

Es gäbe noch viele grenzwertige Erlebnisse zu berichten. Ich glaube, jede Lehrerin kann ein Lied davon singen. Der

Vater, der am ersten Schultag seines Sprösslings, voll überschäumender Begeisterung, nicht nur das Kind, sondern auch das Klassenzimmer abfotografiert. Man stelle sich einmal vor, ich würde an seinem Arbeitsplatz, der XY Versicherung erscheinen und sein Büro ablichten. Einfach, weil ich mich so sehr freue und er mich gut beraten hat. Seinen Schreibtisch mit den unerledigten Aktenstapeln, seinen durchgesessenen Bürostuhl, seine Frau mit den Kindern, die ihren Mann aus einem silbernen Bilderrahmen milde lächelnd anblickt. Grotesk, nicht? Fragt sich hier jemand, warum keine Lehrerin jemals Fotos ihrer Lieben auf dem Pult stehen hat? Wir haben zwar einen halb-öffentlichen Beruf, doch das Klassenzimmer ist unser Arbeitsplatz und an dem sollte keiner fotografieren, ohne vorher zu fragen.

Auch das ist möglich: Eine Mutter stürzt am Zeugnistag ins Klassenzimmer. Als ich ihr ein sofortiges Gespräch verweigere, läuft sie wutschäumend zur Direktorin, um sich über mich und meine schriftliche Beurteilung ihres Kindes zu beschweren, wohlgemerkt eine Beurteilung, die ich ihr in **jedem** vorausgegangenen Elterngespräch nahegelegt habe. Die Mutter teilte meine Einschätzung nicht und diskutierte darüber heftig mit mir, wie auch mit jeder Fachlehrerin. Diese Formulierung zu lesen — schwarz auf weiß in einem Zeugnis — ist dann wohl doch schwieriger zu akzeptieren.

Ich überlege mir, wie es wäre, würde ich außerhalb der Sprechstundenzeit zu meiner Ärztin rasen. Zufälligerweise stünde die Türe auf, so dass ich in die Praxis hineingelangen könnte. Dann krähte ich sie an, sie müsse mir SOFORT ihre Diagnose über mich erklären, die sie der anderen Ärztin geschickt hat...

Eine geschlossene Türe und das Ende der Arbeitszeit schrecken manche Eltern also nicht ab. Dass Lehrerinnen das Recht haben, sich auf ein Gespräch vorzubereiten, scheint sie ebenso wenig zu interessieren.

Warum aber, so frage ich mich manchmal, redet keiner im Kollegium über das, was gut läuft? Mindestens genauso lange wie über die nervigen Eltern? Zum Beispiel über die Mutter, die einen Tag, nachdem ich den Kindern am Schuljahresende die Zeichenmappe mitgegeben hatte, eines Tages in der Früh auf mich zukam. Mit Tränen in den Augen bedankte sie sich mit einem warmen Händedruck für die Arbeit und die Mühe, die ich mir ein Jahr lang mit ihrem Sohn gemacht habe. Ich war ziemlich perplex und wusste nicht so recht, was ich sagen sollte. Da bedankt sich jemand bei mir??? Zugegeben, das Fach Kunst hatte ich immer geliebt, als Schülerin, wie als Lehrerin. In diesem Schuljahr legte ich tatsächlich viel Wert auf den Kunstunterricht. Was sich offensichtlich auch in der Mappe widerspiegelte. Auch wenn ich den Eindruck hatte, dass die Freude der Mutter über die Ergebnisse in der Zeichenmappe ihres Sohnes daher kam, dass sie die Bilder mit ihren früheren aus ihrem eigenen langweiligen Unterricht in der Schulzeit verglich, war ich sehr gerührt über den spontanen Dank.

Und warum redete keiner über die russische Mama, die meiner Kollegin ab und zu einen selbstgepflückten Blumenstrauß vorbeibrachte - oder einen Krapfen. „Hier – damit Sie nicht hungern müssen. Ich weiß ja, dass Sie nichts essen in der Früh." Die Kollegin stand in der Tat immer um halb fünf auf, weil sie von auswärts zu ihrem Schularbeitsplatz in der Stadt eineinhalb Stunden unterwegs war.

Warum erwähnte niemand die Mutter, die handgemachte Pralinen herstellte, die sie unserem Jahrgang von Zeit zu Zeit schickte - ganz ohne Anlass, einfach so. Die uns auch anlässlich ihres fünfjährigen Firmenjubiläums zur Feier ein einlud, bei der wir ausgiebig jede Pralinensorte durchprobieren konnten.

Große Freude lösten zwei Elternvertreterinnen aus, die mir zum Abschluss der zwei Jahre ein gebundenes Fotobuch mit Schülergesichtern schenkten. Vor dem Druck auf den Auslöser hatten sie jedem Schüler folgende Fragen gestellt: Wie soll dich deine Lehrerin in Erinnerung behalten? - Du hast eine gute Note bekommen, wie fühlst du dich? - Ganz ehrlich, hast du deine Lehrerin schon mal angeflunkert? - Wie geht es dir freitags, wenn bald Wochenende ist? - Die Kinder reagierten darauf mit dem entsprechenden Gesichtsausdruck. Zu jedem Foto wurde eine persönliche Zeichnung des Kindes eingescannt - alles war im Buch liebevoll angeordnet. Auch mich fotografierte man ein paar Monate vorher, ohne allzu viel zu verraten - mit den Fragen: Sie müssen die erste Klasse wiederholen, wie finden Sie das? - Waren Sie selbst in der Grundschule eine gute Schülerin? - Wie reagieren sie, wenn die Kinder die Hausaufgaben vergessen haben? - Wie sollen die Kinder Sie in Erinnerung behalten? Garniert mit ein paar Bildern des Sommerfestes sowie Schnappschüssen aus dem Alltag, überreichte man mir das Buch am letzten Schultag als Geschenk. Wie immer herrschte da zu viel Chaos, so dass ich das eingepackte Präsent erst im Lehrerzimmer auswickeln konnte. Völlig perplex über diese fantastische Idee wurde es im Kolleginnenkreis gebührend bewundert, teilweise beneidete man mich auch darum.

Aktionen für heute oder später

Tipp

Tritt mal einen Schritt zurück. Und noch einen. Und noch einen. Betrachte deinen nervigen Alltag wie eine Filmszene, wenn die Kamera zurückfährt und der Blickwinkel größer wird. Die Totale sozusagen. Was siehst du, wenn du jetzt auf die Szene blickst? Ist immer noch zu viel Häme oder Empörung dabei? Okay, dann gehe noch einen Schritt weiter zurück. Noch einen weiteren. Wenn der höchste Berg in Europa nicht ausreicht, um Abstand zu bekommen, fahre notfalls bis zum Mount Everest.

Mache diese Übung täglich und lerne, loszulassen, was dich nervt. Aufregende Klienten oder Kunden findest du in jedem Beruf, da ist deiner keine Ausnahme.

Aktion

Erweitere die Fernglas-Übung um die Fokus-Übung, wie ich sie gerne nenne. Stelle, bildlich gesprochen, die Szene scharf ein, die heute gut gelaufen ist. Etwas, das dich gefreut hat, was ein Lächeln auf dein Gesicht gezaubert hat, dich entspannt hat. Eine nette Geste, die dir jemand erwiesen hat. Beende deinen Schultag damit. Du kannst dich auch steigern, indem du deinen Tag am Abend damit beendest.

Aktion für Fortgeschrittene

Du führst schon ein Danke-Buch? Prima. Auch Dankbarkeit lässt sich steigern, wie Rhonda Byrne in ihrem Buch „The Magic" anschaulich beschreibt. Ich habe ihr Werk zunächst mit Kopfschütteln, dann mit wachsender Begeisterung gelesen. Die Schritte, die sie vorschlägt, schienen mir manches Mal skurril und dennoch folgte ich rein intuitiv ihrem Programm. Am Ende ging es mir wesentlich besser als vorher.

9. Wenn es schwer wird

Wenn es schwer wird, so schwer, dass du nur noch grau siehst, suche und finde Hilfe. Bei einer Beratungsstelle, die dir und deinem Wesen entspricht. Denn deinen Freunden hast du bereits in den Ohren gelegen, deine Kolleginnen singen dasselbe Lied wie du und deine Familie kann deine Klagen längst nicht mehr hören. Dies ist kein Witz! Und es soll auch kein Aufruf sein, sich leichtfertig krankschreiben zu lassen. Nur – solange du dich nicht selbst ernst nimmst, wird es kein anderer für dich tun. Deine Schüler spüren es längst, dass etwas nicht stimmt. Sie sagen dann Sätze wie: Du lachst ja gar nicht mehr. Oder: Die Frau M. liegt schon lange auf dem Friedhof. Keine Angst, sie hassen dich nicht. Sie denken sich auch keine neue Provokation aus, um dich zu ärgern. Kinder sind offen und sehr viel ehrlicher, als wir es uns selbst gegenüber manchmal sind.

Dann aber kann es sein, dass es ein wenig unbequem für dich wird. Ohne dich aus deiner Komfortzone herauszubewegen, wird sich nichts ändern. Und du möchtest doch etwas ändern, oder?

Ja, ABER, höre ich einen Aufschrei. Wenn nur der Dings nicht in meiner Klasse wäre, oder ich weniger Schüler hätte oder die Eltern konservativer wären oder ich nicht immer der Buhmann … oder der Lehrplan … oder der Schulrat oder oder oder.

Ein spirituelles Gesetze besagt: Wie im Außen, so im Innen. Glaub mir, in einer anderen Schule, mit anderen Kindern und Eltern, einem anderen Lehrplan oder Schulrat wirst du über kurz oder lang vor ähnlichen Problemen stehen. Denn die Gefühle, die du jetzt hast, wirst du an deinen nächsten Arbeitsplatz mitnehmen, wo sich über kurz oder lang dieselben Probleme einstellen. Wenn du allerdings beginnst, dein Bewusstsein, deine Art zu denken zu ändern, wird das nach und nach positive Veränderungen in deinem Leben bewirken.

Noch einmal in aller Deutlichkeit. Du bist ein Lebewesen. Mit einem Beruf. Und du bist eine Privatperson. Das sind zwei unterschiedliche Bereiche deines Lebens. Wenn das eine das andere zu sehr in Mitleidenschaft zieht und zwar auf Dauer, ist die Schieflage programmiert.

Aktionen für heute oder später

Tipp

Unten auf der Skala kannst du sehen, wie Dr. Roy Martina emotionale Balance darstellt. Er fand heraus, dass hinter vielen Symptomen unterschiedlicher Art eine Emotion steht, die den Heilungsprozess behinderte. Daher begann er, seine Erfahrung in fernöstlichen Heilweisen mit seinem schulmedizinischem Fachwissen zu kombinieren. Die Emotionale Balance, so sagt er, ist der Schlüssel zu einem vitalen, sprühendem Leben.

Wo befindest du dich meistens mit deinen Gefühlen? Eher im oberen Bereich? Oder doch konstant im Gelb? Wenn du feststellst, dass dir das Ergebnis nicht behagt, beschimpfe dich nicht.

Violett: Freude/ Ermächtigung/ Freiheit/ Liebe/ Wertschätzung

Blau: Enthusiasmus/ Eifer/ Glücklichsein/ Glaube/ Selbstanerkennung/ Akzeptanz/ neutrale Konfrontation/ seine Wahrheit vertreten

Grün: Vertrauen/ Optimismus/ Zuversicht/ Zufriedenheit/ seine Selbstachtung vertreten

Gelb: Langeweile/ Pessimismus/ Unsicherheit/ Traurigkeit/ Frustration/ Irritation/ Ungeduld/ Bedürftigkeit/ Einsamkeit/ das Gefühl, zurückgewiesen zu werden

Orange: Enttäuschung/ Zweifel/ Sorgen/ Schuldzuweisung/ Entmutigung/ Traurigkeit/ keine Fürsorge empfinden/ sich gestresst fühlen/ niederes Selbstwertgefühl/ emotionale Instabilität

Rot: Wut/ Rache/ Hass/ Sarkasmus/ Zynismus/ Aggression/ Verletzung/ Beurteilung/ Ablehnung/ Feindseligkeit

Braun: Eifersucht/ große Unsicherheit/ Schuld/ Wertlosigkeit/ Selbstbeschuldigung/ Scham/ große Erschöpfung/ Starrheit

Schwarz: Angst/ Kummer/ Depression/ Negativität sich selbst und anderen gegenüber/ Verzweiflung/ Kraftlosigkeit/ Verleugnung/ Ausgebranntsein

Martinas Zuordnung der Farben entspricht nicht den gängigen Farbschemata, dennoch fand ich sie für den Schulalltag sehr hilfreich. Wenn ich mich etwa mit meinen Gefühlen permanent in „Gelb" oder „Rot" aufhalte, ist der Alltag meistens unerfreulich. Durch die Veränderung der Farbebene – Martina löst diese beispielsweise durch Klopfakupressur – lösen sich die vorherrschenden Gefühle auf, was den Weg zu einem entspannteren Umgang mit der Gegenwart möglich macht.

Aktion

Probiere eine der bisher genannten Methoden aus, die dir jetzt im Moment am meisten zusagt. Grabe tiefer, wenn sich nach einer Weile nichts ändert. Vielleicht musst du auch deinen Fokus verschieben oder mehrere Möglichkeiten ausprobieren, bis du fündig wirst.

10. Einfach aussteigen?

Jetzt ist es also soweit. Du kennst den Lehrplan und hast, seit du im Beruf bist, mindestens eine Änderung mitgemacht. Den Stoff beherrschst du aus dem Effeff und weißt, in welchem Ordner die Unterrichtsstunde zum Fach abgelegt ist. Du hast dir einen Stand und günstigenfalls einen Ruf erarbeitet, bist Klassenlehrerin. Die Kolleginnen schätzen dich, mit den meisten kommst du bestens klar. Mit den anderen hast du ein unausgesprochenes Gentleman-Agreement. Man grüßt sich, hilft einander kollegial aus und geht sich ansonsten aus dem Weg. Um nicht aufzufallen, heulst du mit ihnen, wenn sie sich wieder über Eltern/ Schüler/ das Schulsystem aufregen.

Deine Freunde sagen dir, wie gut es ist, dass es Lehrerinnen, nein Menschen wie dich gibt, die das Ganze hinterfragen und sich immer weiterentwickeln. Du schätzt das, was du gelernt hast und arbeitest immer noch in der Schule. Schwierige Eltern oder Kinder schrecken dich nicht mehr, da du in deine pädagogische Trickkiste greifst, auf die Unterstützung deiner Kollegen zählen und notfalls die Hilfe des Beratungslehrers oder der Direktorin in Anspruch nehmen kannst. Aber irgendwas muss sich doch ändern, verflixt noch mal!

Ein Wechsel in die andere Jahrgangsstufe scheidet aus. Hast du Lust, mit überbesorgten Eltern um halbe Punkte und den Übertritt zu kämpfen? Nicht wirklich. Aber Hauptschullehrer werden doch gesucht! Das hieße, mit Pubertierenden zu rangeln – du lächelst und winkst ab. Und der Umschwung auf das Gymnasium? Dort braucht man doch auch Lehrerinnen. Hm. Der Verdienst einer Grundschullehrerin entspricht dort dem eines Referendars am Gymnasium, das sind 1200 Euro netto. Oder waren es 1100 Euro? In München, wo ich mindestens 800 Euro für eine 1,5 Zimmerwohnung zahle, ist das zu wenig.

Wie schaut es auf dem freien Arbeitsmarkt aus? Berufserfahrung ist vorhanden, du kannst Gruppen führen, mit schwierigen Kindern umgehen. Verhandlungssicheres Englisch? Äh, naja. Ich kann Vokabular zum Thema Obst, Haustiere, Begrüßen/ Verabschieden und einfache Redewendungen. Prädestiniert für einen Pförtner, pardon, eine Empfangsdame. Aber für Letzteres bist du wiederum zu hochqualifiziert, mit zu geringen Fremdsprachenkenntnissen.

Und es wird grau vor deinen Augen. Selbst wenn es draußen wieder heller wird. Du bemerkst, dass dir eine Woche Ferien nicht mehr reichen, um Kraft zu tanken. Wie alt bist du eigentlich? Geschätzte 155 Jahre ab der dritten Schulwoche, danach alterst du wöchentlich um weitere 100 Jahre. »Sind ja bald Ferien«, sagt die Putzfrau. Ja, endlich. Gott sei Dank geht es den Kolleginnen auch so. Sie halten sich mühsam aufrecht, grüßen gequält und lästern, wie gehabt, in den Pausen. Morgens vielleicht noch nicht. Aber um halb zehn und mittags. Nach der Schule um halb vier auch noch mal. Du flüchtest aus dem Lehrerzimmer, lernst abschalten. Weg mit dem Schulkram. Punkt, aus, Apfel, Amen. Es dauert bis zu zwei Stunden. Danach hast du keine Kraft mehr, aufzustehen und unter Leute zu gehen.

Aktionen für heute oder später

Tipp

Mach einen Schritt aus der Tretmühle. Nur einen Babystep. Ich habe ihn weiter oben gerade verraten. Hast du ihn registriert? Nein? Dann lies die letzten drei, vier Zeilen noch mal – bist du doch gewohnt als Lehrerin, oder? Hast du ihn gefunden? Dann gratuliere ich dir. Abschalten heißt das Zauberwort. Gedanken, Gefühle, Situationen, Selbstgespräche und Kreiselgedanken. Vor allem Letzteres. Was zählt, ist nur das Jetzt.

Aktion

Lerne abschalten. Suche und finde eine kleine Aktion, die dir hilft. Einzige Bedingung ist, sie darf nichts kosten. Das kann ein Buch sein, auf dem Balkon sitzen oder ein Fußbad nehmen oder spazieren gehen...**Reduzieren** heißt das Zauberwort. Überlege dir, bis wie viel Uhr am Abend du arbeiten möchtest. Bis 20 Uhr? Gut. Dann lass den Rahmen um das nächste Arbeitsblatt einfach sein, statt sieben Dominos werden es nur fünf und die Schülerbeobachtungen müssen auch mal wieder warten.

Du findest alles doof? Sag mal ehrlich: Wie oft hast du für deine Schüler Ausflüge organisiert oder unterschiedliche Differenzierungsstufen bei Stationenläufen erstellt? Und für dich selbst fällt dir nichts mehr ein?

Aktion für Fortgeschrittene

Bis jetzt hast du zehn Kapitel durchgelesen, vielleicht auch den einen oder anderen Tipp ausprobiert. Das ist eine ganze Menge. Klapp das Buch jetzt zu und lege es auf die Seite. Mach eine Pause.

11. Endlich ausschlafen!

Am Ende meines Referendariats schenkte mir eine Freundin ein Buch mit dem Titel „Feng Shui gegen das Gerümpel des Alltags", von Karen Kingston. Es war eines der schönsten Geschenke überhaupt, zum einen, weil es – wie so vieles im Leben – unerwartet kam, zum anderen, weil es genau das war, was ich zu diesem Zeitpunkt brauchte. Allerdings ahnte ich noch nichts davon, als ich das Geschenk auspackte. Den Begriff Feng Shui hatte ich zuvor schon einmal gehört, aber sehr viel mehr, als dass es etwas mit dem Thema Wohnen zu tun hatte und nichts zum Essen war, wusste ich damals nicht.

Mit Staunen las ich, dass man mit allem, was man besitzt, durch unsichtbare Fäden verbunden ist. So ähnlich, als wären es Spinnweben. All der nutzlose Kram, der da in der Wohnung herumsteht, klebt an uns, geistig, emotional und auch physisch. Als ob man eingewickelt ist in ein klebriges Netz. Bei der Vorstellung dieses Bildes schüttelte es mich so sehr, dass ich kaum weiterlesen konnte. Ich schaffte nur noch ein paar Seiten, legte dann das Buch aus der Hand und begann mit dem Ausmisten. In eine Kiste kam, was ich behalten wollte. Eine Tüte füllte sich mit Dingen, die ich nicht mehr brauchte, die aber zu schade zum Wegwerfen waren. Diese landete bei der Altkleidersammlung bzw. im Secondhandkaufhaus. Lediglich ein kleiner Teil blieb übrig, da konnte ich mich nicht entscheiden, ob ich es behalten oder wegwerfen sollte. In diesem Stil arbeitete ich mich durch die ganze Wohnung: Wohnzimmer, Schlafzimmer, Flur und Küche. Danach machte ich eine Pause und widmete mich gründlich dem Keller.

Während dieser Zeit – es dauerte ein paar Monate – hatte ich so gut wie nichts anderes im Kopf. Ich kam nach der Schule nach Hause und mistete aus. Fast alle Verabredungen mit Freunden sagte ich ab oder verschob sie, so sehr war ich im Aufräumfieber. Manchmal merkte ich, dass das Loslassen von altem Zeug eine ganze Menge Energie freigesetzt hatte. Ich war dann ziemlich schlapp und gönnte mir eine Pause. Erst da ging mir auf, an wie viel Altem ich hing, das ich im Grunde nicht mehr benötigte. Das Hervorholen aus der Mottenkiste brachte die Dinge ans Licht, wirbelte die Gedanken – teilweise auch die Emotionen – durcheinander, aber schließlich konnte ich das Material getrost entsorgen. Das Erstaunliche daran war: Je mehr ich ausmistete, desto ruhiger wurde ich. Es war wie ein Frühjahrsputz für die Seele. Mit dem Entledigen der Gegenstände entließ ich meine Gedanken und Emotionen aus der Vergangenheit in die Freiheit. Und ich fühlte mich so klar wie seit Jahren nicht mehr.

Aktionen für heute oder später

Reflexionen

Was du bisher gedacht, getan, gefühlt hast, hat dich zu der Person und Lehrerin gemacht, die du heute bist. Das ist zunächst einmal ein Zustand, nichts weiter. Wenn es dir allerdings nicht gefällt, wo du jetzt stehst, ist es ratsam, etwas zu verändern. Dein Denken, Reden, Tun oder deine Emotionen zum Beispiel. Dieser Gedanke ist nicht wirklich neu, aber dennoch für manch einen die größte Herausforderung. Lieber bleiben viele in den gewohnten Bahnen, weil es das ist, was Sicherheit verheißt. Etwas zu ändern, kann ungewohnt sein und in der Regel auch Angst machen. Die sichere Komfortzone zu behalten, bedeutet jedoch Stillstand, manchmal Unzufriedenheit, Nörgelei oder Besserwissertum. Solange du dich also behaglich und zufrieden fühlst, bleibe bei dem, wie es ist.

Aktion

Schau dich in aller Ruhe in deiner Wohnung um. Wo zieht es deinen Blick zuerst hin? Zur Kiste, die auf dem Schrank steht? Ja, genau die. Heb sie runter und miste sie aus. Die Gegenstände, die du in die Hand nimmst, lösen vermutlich Erinnerungen aus, mehr oder weniger angenehme. Vermutlich war es einmal wichtig für dich, sonst hättest du es nicht aufgehoben. Lass die Erinnerungen in deinem Geist aufsteigen, betrachte sie und lasse sie dann vorbeiziehen wie ein paar Wolken am Himmel. Nimm anschließend dein Danke-Buch zur Hand und bedanke dich für die schöne Zeit, sowie die Menschen, mit denen du sie verbracht hast. Wenn du fertig bis, genieße den freien Platz, den du geschaffen hast. Ist es eine Kiste gewesen, dann ist das genug. Nächste Woche liegt dann dein Blick auf einer anderen Kiste. Mach eine Pause und freue dich.

Aktion für Fortgeschrittene

Wenn du ein bisschen Luft hast, denk mal an deinen Schulkram. Besitzt du noch Ordner aus dem Referendariat? Arbeitsblätter im Keller, mit alten, längst überholten Schriften? Hast du beim Ablegen gedacht: „Das kann man ja noch aufheben, vielleicht brauche ich es ja doch noch einmal...‟? Steckt mehr als ein Blatt desselben Arbeitsblattes in einer Klarsichtfolie? Ganz ehrlich, wann hast du zuletzt da hinein geschaut? Vor wie vielen Jahren? Und wie sieht es aus mit den Schulplanern? Stehen die alle fein säuberlich in deinen Regalen herum?

Wenn ich ehrlich bin, auch ich habe etliche Jahre gebraucht, bevor mir klar geworden ist, dass auch das nutzloses Zeug ist, das mich verstopft. Deshalb kenne ich auch alle Ausreden, weil ich sie selbst verwendet habe. Aber als ich mich endlich überwunden hatte, peu à peu auszumisten, fühlte ich mich Schritt für Schritt freier. Insbesondere bei den Schulplanern erzielte ich einen enormen Effekt. Ich behielt von jedem Jahrgang lediglich das Klassenfoto sowie die schönsten Kinderzeichnungen, die ich geschenkt bekommen hatte. Und ich verband das Wegwerfen mit einer kleinen Zeremonie (siehe unten).

Meditation

Ich machte es mir bequem und betrachtete in Ruhe jedes Kind. Dann bedankte ich mich im Geist bei ihm, dass ich es unterrichten und von ihm lernen durfte. Anschließend setzte ich es in einen Luftballon, ließ ihn davonschweben und kappte die Leine. Es ist vorbei. Genieße den Frieden, der sich jetzt in deiner Seele einstellt.

Nachwort

Dieses Buch konnte erst durch die Hilfe vieler Menschen, die ich in meinem Leben kennen gelernt habe, geschrieben werden.

Allen voran möchte ich den Lehrern des Europäischen Shiatsu Institutes München E. S. I. danken, die mir mit viel Geduld und Hingabe die Meridianverläufe am Körper und vieles andere beigebracht haben. Ihr habt mir einen ganz neuen Blickwinkel auf das Leben ermöglicht.

Mein nächster Dank gilt Campus Naturalis in München, insbesondere meinen Ausbilderinnen Annett May (vorm. Pinkall) und Marietta Heuken. Mit eurer liebevollen Unterstützung konnte ich meinen Traum, Shiatsupraktikerin zu werden, wahr machen.

Ganz besonders danken möchte ich Julietta Haun, die mir mit ihren Tipps für den Start zum zweiten Standbein beigestanden hat.

Von Herzen danken möchte ich auch all den vielen systemischen Pädagogen, die mir wertvolle Impulse für den Schulalltag gegeben haben.

Dem freien Musikzentrum, insbesondere den Dozenten der House of Rhythm – Ausbildung, Charly Böck und Rudolf Roth, gilt mein spezieller Dank. Durch euren Humor, gepaart mit eurem Fachwissen konnte ich meinen musikalischen Horizont beträchtlich erweitern.

Es gäbe noch viele weitere Seminarleiter und Coaches zu nennen, doch der Platz würde hier nicht ausreichen. Daher euch allen ein umfassendes Dankeschön!

All meinen Schülerinnen und Schülern, sowie deren Eltern, die meinen Unterricht verfolgt, mitgemacht und getragen haben. Ihr habt ihn und mein Leben unglaublich bereichert.

Meiner Familie, die so manches Mal zurückstecken musste, damit ich meinen Unterricht vorbereiten konnte, bin ich zutiefst dankbar.

Nicht zuletzt möchte ich meiner Lektorin Karin C. Melde ganz herzlich danken, die mit ihrer unermüdlichen Freundlichkeit, Geduld und Liebe zum Wort meinen Text zurechtgeschliffen und poliert hat.

Verwendete Literatur:

Rhonda Byrne, *The Magic.* MensSana bei Knaur Verlag, München, 2012

Rainer Franke, Ingrid Schlieske, *Klopfen Sie sich frei!* Rowohlt Taschenbuch Verlag, Reinbek bei Hamburg, 2006

Louise Hay mit Cheryl Richardson, *Ist das Leben nicht wunderbar?* Allegria Verlag, Berlin 2012

Karen Kingston, *FengShui gegen das Gerümpel des Alltags*, Reinbek bei Hamburg, 2003

Roy Martina, *Emotionale Balance*, Koha Verlag, Burgrain 2002

Günter Schricker, *Wachstum und Würde.* Wie Lernen und Erziehung in der Schule besser gelingen. In: Erziehungskunst 3/ 2006

Raum für Notizen:

Zeitfracht Medien GmbH
Ferdinand-Jühlke-Straße 7
99095 Erfurt, Deutschland
produktsicherheit@kolibri360.de